MAGIA CRISTÃ

Aprenda a Usar o Poder dos
Anjos e Santos
para Alcançar Seus Objetivos

PIERRE MACEDO

Magia Cristã: Aprenda a Usar o Poder dos Anjos e Santos para Alcançar Seus Objetivos © 2021 por Pierre Macedo. Todos os direitos reservados. Nenhuma parte deste livro pode ser usada ou reproduzida de qualquer forma, incluindo o seu uso na internet, sem autorização por escrito da editora, exceto no caso de citações breves incorporadas em artigos críticos e resenhas.

ISBN: 978-1-7774385-4-8

Primeira Edição 2021

Publicado por Leirbag Press.
contato@virgopublishers.com

CONTEÚDO

INTRODUÇÃO: MAGIA CRISTÃ 5

PERGUNTAS E RESPOSTAS 7

   O QUE A BÍBLIA DIZ SOBRE MAGIA? 7
   QUAL A IMPORTÂNCIA DAS OFERENDAS? 8
   O QUE SÃO ANJOS? 9
   O QUE SÃO SANTOS? 10
   POR QUE AS VEZES AS ORAÇÕES NÃO FUNCIONAM? 10
   POR QUE ORAR PARA SANTOS AO INVÉS DE JESUS? 12

ANJOS E SANTOS 15

RITUAIS 39

   REGRAS GERAIS 39
   RITUAL DE PURIFICAÇÃO E LIMPEZA ESPIRITUAL 41
   RITUAL PARA PROBLEMAS DIFÍCEIS 45
   RITUAL DO AMOR PARA CASAIS 51
   RITUAL DO AMOR VERDADEIRO 53
   RITUAL DA PROSPERIDADE FINANCEIRA 56
   RITUAL DE CURA 59
   MEDITAÇÃO COM A VIRGEM SANTÍSSIMA 65

INTRODUÇÃO: MAGIA CRISTÃ

Eu criei o termo Magia Cristã para apresentar uma forma de magia que trabalha com as forças espirituais presentes no cristianismo, que são os anjos e santos. No meu livro Segredos da Magia e Bruxaria, eu detalho de forma completa a magia tradicional, que é praticada por aqueles que tem afinidades com o paganismo, ou seja, as pessoas que acreditam em vários deuses. Mas se você tem dificuldades em pedir ajuda a seres não muito conhecidos pela maioria das pessoas, uma boa alternativa é a Magia Cristã que explicarei no decorrer deste livro.

A maneira mais fácil de fazer pedidos a anjos e santos é através de orações simples que se aprende nas igrejas católicas. Tais orações são válidas e podem trazer resultados, mas com certeza não é tão eficaz quanto a magia. As orações não englobam elementos importantes, como as oferendas, preparação do ambiente e a preparação do corpo e alma.

Como a proposta deste livro é ensinar um tipo de magia mais amigável a pessoas cristãs, alguns conceitos que são comumente atribuídos a magia, não serão abordados aqui. Iremos focar na busca dos nossos objetivos pessoais sempre respeitando os direitos de cada um e a vontade do próximo.

Por fim, este livro traz um material inédito que tenta conciliar duas coisas que sempre pareceram como água e óleo: magia e cristianismo. Desejo que seu aprendizado seja pleno e que você consiga colocar em prática tudo ensinado aqui.

PERGUNTAS E RESPOSTAS

O que a Bíblia diz sobre magia?

A Bíblia é expressamente contra as práticas de magia, bruxaria, adivinhação e os médiuns. Várias passagens da Bíblia, inclusive algumas violentas, condenam tais atos, pois o livro prega que somente Deus pode atuar em nossas vidas. Porém, a igreja católica possui alguns ritos que são praticados na magia como, por exemplo, acender velas para orar, queimar incenso, fazer promessas (oferendas), etc. Portanto, com todo respeito as diversas opiniões contrárias, eu não vejo conflito entre um cristão praticar magia e o que está na Bíblia, desde que nos limitemos a utilizar os elementos presentes em diversas vertentes do cristianismo.

Qual a importância das oferendas?

Eu costumo dizer que não existe almoço grátis em lugar algum, seja no plano físico ou no plano astral. Quando recorremos a ajuda de Deus, anjos e santos, é essencial que ofertamos algo em troca da realização do nosso pedido. É comum fazermos promessas e isso é um tipo de oferenda, apesar de não ser tão eficaz. É preciso ofertar algo que você tenha comprado ou preparado especialmente para aquela ocasião ou algum objeto que seja seu e que tenha algum valor para você. Veja a seguir, o texto de Gênesis 4:3,4 que fala sobre oferendas:

"E aconteceu ao cabo de dias que Caim trouxe do fruto da terra uma oferta ao Senhor. E Abel também trouxe dos primogênitos das suas ovelhas e da sua

gordura, e atentou o Senhor para Abel e para a sua oferta."

O que são anjos?

Segundo a Bíblia, anjos são seres que servem a Deus e são enviados para nos ajudar aqui na Terra. Mas essa é uma explicação simples que, na minha opinião, não traduz de fato o que são tais criaturas. Anjos são espíritos de alta classe responsáveis por diversas tarefas no universo que vão muito além de apenas ajudar os seres humanos em sua passagem pela Terra. Os anjos mais importantes e poderosos são chamados de arcanjos.

"Os anjos não são, todos eles, espíritos ministradores enviados para servir aqueles que hão de herdar a salvação?"

Hebreus 1:14

O que são santos?

Santos foram pessoas que tiveram uma vida dedicada a trabalhos humanitários e conseguiram a admiração de um grande grupo de pessoas. Para uma pessoa ser declarada santa, a igreja católica geralmente exige a comprovação de milagres, mas pode também ocorrer por martirizarão e decreto do papa. No entanto, é um processo demorado que pode levar décadas ou até mesmo séculos.

A santa mais famosa é Maria, Mãe de Jesus. Ela possui diversas identidades de acordo com o local onde apareceu em vários países.

Por que as vezes as orações não funcionam?

A falta de objetividade é um dos principais motivos do porquê orações não funcionam como o esperado. Fazer um pedido vago, irá produzir um resultado também vago. Portanto, seja bem claro no que você deseja alcançar. Outro ponto é a falta de possibilidades para que algo aconteça. Imagine que você deseja uma casa própria e pede isso para Deus. Você precisa se perguntar de onde sairá o dinheiro para a compra dessa casa, pois sem uma fonte de renda compatível, é impossível que você consiga comprar uma casa. É mais eficiente você pedir por um emprego melhor ou ter sucesso no seu negócio próprio, pois isso são coisas mais concretas e possíveis de serem realizadas.

Outro fator importante é a oferenda. Uma oferenda compatível com o nível do pedido é necessária. As chamadas promessas somente são eficazes quando beneficiam a Deus, aos anjos e santos de alguma forma. Por exemplo, você prometer que irá subir uma escada de joelhos é algo inútil do ponto de vista do espírito que irá te ajudar. Mas se você prometer divulgar sua graça alcançada como forma de atrair fiéis, já é algo mais interessante.

Por que orar para santos ao invés de Jesus?

Nas minhas pesquisas sobre experiências religiosas, eu encontrei diversas evidências de que Jesus quer que nós usemos seus santos como forma de intercessão perante Ele. Em algumas dessas evidências, o próprio Jesus é quem diz claramente isso, como quando apareceu para Santa Brígida dizendo que ela deveria pedir a intercessão de São Judas. Mas por que o próprio Deus se recusaria a ajudar as pessoas que o contatam de forma direta? Bem, não sei a resposta correta, mas tenho alguns palpites. Talvez não sejamos dignos de requisitar ajuda diretamente a Ele ou talvez Ele queira que a gente reconheça a importância de seus santos. Mas a hipótese que considero mais provável é a de que os santos atuam como advogados, na qual o Senhor os permite tentar convencê-Lo a nos conceder a graça desejada. Seja qual for o motivo, o fato é que os santos são um presente de Deus para nós e eles estão aqui para nos ajudar.

ANJOS E SANTOS

Miguel

Também conhecido como São Miguel Arcanjo, talvez seja o mais importante dos anjos. Miguel é descrito em Apocalipse como aquele que liderou o exército de Deus contra as forças de Satã. Ele é um guerreiro que protege os desprotegidos. Podemos sempre recorrer a Miguel quando precisamos nos livrar de alguma influência ruim ou necessitamos de proteção contra nossos inimigos.

"Houve então uma batalha no céu: Miguel e seus anjos guerrearam contra o dragão. E o dragão lutou, junto com seus anjos, mas foram derrotados e expulsos do céu. E o enorme dragão, a antiga serpente, o

diabo ou Satanás, como é chamado, o sedutor do mundo inteiro, foi lançado sobre a terra e seus anjos foram lançados junto com ele."

Apocalipse 12, 1-18

Gabriel

O Arcanjo Gabriel é o mensageiro de Deus e foi o responsável por contar a Virgem Maria que ela estava grávida de Jesus. Este anjo pode nos trazer os recados que o Senhor tem para nós, os planos que Deus tem para nossa vida. Qualquer problema que envolva algum tipo de diálogo está ao alcance dos poderes de Gabriel.

"Enquanto, pois, eu falava e rezava, Gabriel, que eu tinha visto antes em visão, voou veloz

até mim na hora da oblação da tarde. Ele me informou, falando comigo e dizendo: "Daniel, vim para instruir-te e fazer-te compreender"."

Daniel 9, 20-27

Rafael

Rafael é um arcanjo com o poder de curar todas as doenças. Foi ele quem curou as feridas de Jacó após ele passar toda uma noite lutando contra uma criatura misteriosa. Em algumas versões da Bíblia, Rafael foi o responsável por expulsar Adão e Eva do Jardim do Éder.

"Tobias saiu em busca de alguém que conhecesse o caminho e que fosse com ele à Média. Ao sair, encontrou o anjo Rafael de pé

diante dele, mas não sabia que era um anjo de Deus. Disse-lhe, pois: "De onde és, ó jovem?". Respondeu-lhe: "Sou um dos israelitas, teus irmãos, e vim procurar trabalho". Perguntou-lhe Tobias: "Conheces o caminho da Média?". "Sim", respondeu ele."

Tobias 5,4-6

Uriel

O Arcanjo Uriel é o responsável por aplicar as punições de Deus aos pecadores. Ele fez parte da tropa celestial que destruiu as cidades de Sodoma e Gomorra.

Metatron

Metatron é considerado um arcanjo superior a todos os outros anjos e mais poderoso até mesmo que Miguel. Seu nome significa o mais próximo do trono. Não se deve pedir nada a Metatron, pois ele não se coloca a serviço de nenhum ser humano. Ele tem o poder de interferir nas ações dos anjos em intercessão aos seres humanos. Portanto, devemos tão somente agradecer a este arcanjo pelas graças que nos foram concedidas.

Salatiel

É um arcanjo que não está presente na Bíblia, mas sim no apócrifo livro de Esdras, onde é citado como o responsável pelo nosso bem estar-físico e emocional. Quando fazemos nossas orações, este poderoso arcanjo nos acompanha.

Jeliel

Este anjo controla o destino dos governantes e protege o povo injustiçado. Ele também ajuda na reconciliação entre inimigos, além de garantir a paixão entre casais e evitar a infidelidade.

Theliel

Este é o anjo do amor e ele é capaz de convencer até as pessoas mais agressivas a terem compaixão.

Virgem Maria

Maria, Mãe de Jesus é a mais famosa entre todos os santos. Ela possui diversas aparições e milagres espalhados pelo mundo. Seus nomes são vários e podemos destacar a Nossa Senhora Aparecida, que é a padroeira do Brasil e Nossa Senhora de Fátima. Por ser a Mãe de Deus, Maria possui grande poder e é capaz de agir em todos os nossos problemas.

Maria viveu uma vida sem nenhum pecado e, por este motivo, foi a escolhida por Deus para dar à luz a Sua forma humana. Veja a seguir, a passagem bíblica em que Gabriel anuncia a Maria que ela estava grávida de Jesus:

"No sexto mês, o anjo Gabriel foi enviado por Deus a uma cidade da Galileia chamada Nazaré, a uma virgem, noiva de um homem de nome José, da casa de Davi. A virgem chamava-se Maria. Entrando onde ela estava, disse-lhe o anjo: "Alegra-te, ó cheia de graça, o Senhor é contigo"."

Lucas 1, 26-38

A oração da Ave Maria é muito poderosa e conhecida por todos os católicos, mas deixo a seguir, a oração do Papa Francisco para a Virgem Maria:

Ó Maria, Tu sempre brilhas em nosso caminho como sinal de salvação e esperança. Nós nos entregamos a Ti, Saúde dos Enfermos, que na Cruz foste associada à dor de Jesus, mantendo firme a Tua fé. Tu, Salvação do povo romano, sabes do que precisamos e temos a certeza de que garantirás, como em Caná da Galiléia, que a alegria e a celebração possam retornar após este momento de provação. Ajuda-nos, Mãe do Divino Amor, a nos conformarmos com a vontade do Pai e a fazer o que Jesus nos disser. Ele que tomou sobre Si nossos sofrimentos e tomou sobre Si nossas dores para nos levar, através da Cruz, à alegria da Ressurreição. Sob a Tua proteção, buscamos refúgio, Santa Mãe de Deus. Não desprezes as nossas súplicas, nós que estamos na provação, e livra-nos de todo perigo, Virgem gloriosa e abençoada. Amém.

Santa Ana e São Joaquim

Santa Ana é a mãe de Maria e avó de Jesus. Ela era casada com São Joaquim e não podia ter filhos. Não ter filhos naquela época era uma humilhação para a mulher, que era vista como amaldiçoada, e também para o homem, que era discriminado por não ter um herdeiro. Mas Ana e Joaquim eram um casal de muita fé e rezavam sempre para que Deus os ajudassem a alcançar a graça de ter um filho.

Em um momento em que Joaquim saiu em penitência no deserto, um anjo apareceu para ele e disse que suas preces tinham sido ouvidas. Este mesmo anjo apareceu para Ana e disse a mesma mensagem. Em pouco tempo, Ana engravidou e deu à luz a Maria, a Santíssima Mãe de Jesus.

Pelo fato de Santa Ana ter tido problemas para engravidar e precisar da ajuda divina, ela é muito procurada por mulheres que tentam ter um filho e não conseguem.

Oração a Santa Ana:

Com filial disposição em meu coração, prostro-me aos vossos pés, ó bem-aventurada Santa Ana!

Sois aquela criatura eleita, que mereceu a grande graça de Deus pelas vossas virtudes e santidade:

dar à luz ao Tesouro de todas as graças, a bendita entre as mulheres, a Mãe do Verbo, Santíssima Virgem Maria.

Contemplando os vossos privilégios, eu vos suplico, ó santa bondosa, permita que eu me torne membro da comunidade dos vossos servos escolhidos e a ela possa pertencer até o final de minha vida.

Cobre-me com a vossa poderosa proteção e a graça de imitar as vossas virtudes, pelas quais vos distinguistes aqui na terra. Concedei-me o reconhecimento dos meus pecados e o verdadeiro arrependimento, dai-me o amor ardente a Jesus e Maria, e a graça do pleno e constante cumprimento dos deveres de meu estado.

Livrai-me de todos os perigos nesta vida e esteja ao meu lado no último momento da minha vida, para que eu possa alcançar a salvação, entrar no céu, para convosco, ó mãe bem-aventurada, louvar e glorificar por toda a eternidade o Verbo de Deus que a vossa Imaculada Filha, a puríssima Virgem Maria, carregou no seu ventre.

Amém.

Santo Antônio

Este é o santo dos milagres e, recebe este título, pois efetuou muitos milagres em diversas áreas, mas talvez seja mais conhecido pela fama de santo casamenteiro. Existem muitos relatos de pessoas que conseguiram se casar com a ajuda dele.

É importante destacar que não devemos faltar com respeito a nenhum ser espiritual, seja ele qual for. Nesse sentido, existe uma conhecida simpatia em que mulheres invertem a imagem do santo com a condição de que ele as conceda um marido. Este ato desrespeitoso contra Santo Antônio não deve ser praticado, pois não produzirá nenhum efeito positivo.

Oração a Santo Antônio:

Ó Santo Antônio, o mais gentil
dos santos, teu amor a Deus e
tua caridade com Suas criaturas,

fizeram com que foste digno de possuir poderes miraculosos. Motivado(a) por este pensamento, peço-te que... (formular o pedido). Ó gentil e amoroso Santo Antônio, cujo coração estava sempre cheio de simpatia humana, sussurra minha súplica aos ouvidos do doce Menino Jesus, que adorava estar em teus braços. A gratidão do meu coração será sempre tua. Amém.

São Pedro

Pedro é o apóstolo mais mencionado na Bíblia. Ele acompanhou Jesus em sua caminhada desde o começo e foi o primeiro a reconhecer Jesus como o Filho de Deus. Seu nome de batismo era Simão, mas Jesus o deu um novo nome, Kepa - pedra ou rocha em hebraico. Kepa - traduzido como Pedro para o português - escutou de Jesus que Sua igreja seria construída sobre aquela pedra (Pedro) e que a ele seriam dadas as chaves do reino do céu. Essa passagem bíblica para muitos teólogos, quer dizer que Pedro foi escolhido como o representante de Cristo na Terra. Assim, Pedro é considerado como sendo o primeiro Papa.

Oração a São Pedro:

Glorioso São Pedro, creio que vós sois o fundamento da Igreja, o pastor universal de todos os fiéis, o depositário das chaves do céu, o verdadeiro vigário de Jesus Cristo. Eu me glorio de ser vossa ovelha, vosso súdito e filho. Uma graça vos peço com toda a minha alma: guardai-me sempre unido a vós e fazei que antes me seja arrancado do peito meu coração do que o amor e a plena submissão que vos devo nos vossos sucessores, os pontífices romanos.

Viva eu e morra como vosso filho e filho da Santa Igreja Católica Apostólica Romana. Assim seja.

Amém.

São João Batista

João era filho de Isabel e Zacarias. Sua mãe era considerada estéril por nunca ter engravidado. Ela já tinha 60 anos quando o anjo Gabriel apareceu para Zacarias e anunciou que Isabel teria um filho que se chamaria João. Foi nesta mesma época que Gabriel contou a Maria que ela daria à luz a Jesus.

Maria logo foi visitar Isabel, pois o anjo também a revelou que Isabel estava grávida.

São João Batista foi o profeta responsável por anunciar a vinda do Messias. Ele também foi quem batizou Jesus e, seu nome Batista, vem justamente da sua prática de batizar o povo.

Oração a São João Batista:

São João Batista, voz que clama no deserto: "Endireitai os caminhos do Senhor... fazei penitência, porque no meio de vós está quem não conheceis e do qual eu não sou digno de desatar os cordões das sandálias", ajudai-me a fazer penitência das minhas faltas para que eu me torne digno do perdão Daquele que vós anunciastes com estas palavras: "Eis o Cordeiro de Deus, eis

Aquele que tira os pecados do mundo". São João Batista, rogai por nós. Amém.

São José

José foi o marido da Virgem Maria e pai adotivo de Jesus. Participou da criação de Jesus e ajudou a formar Sua personalidade como pessoa humana. A pedido de um anjo, fugiu para o Egito juntamente com Maria e Jesus para escaparem de Herodes que pretendia matar o Messias.

José tem muita importância no reino de Deus e não deve ser esquecido nas orações. Em revelação a Santa Águeda, Nossa Senhora disse: "Os homens ignoram os privilégios que o Senhor concedeu a São José e quanto pode sua intercessão junto de Deus. Somente no dia do Juízo, os homens conhecerão sua excelsa santidade e chorarão amargamente por não haverem se aproveitado desse meio tão poderoso e eficaz para sua salvação e alcançar as graças de que necessitavam". Diante de tal revelação, fica claro que Deus nos deixou São José como um presente divino que podemos recorrer para alcançar as graças desejadas.

Oração a São José:

A vós, São José, recorremos em nossa tribulação e, tendo implorado o auxílio de vossa santíssima esposa, cheios de confiança, solicitamos também o vosso patrocínio. Por esse laço sagrado de caridade que vos uniu à Virgem Imaculada Mãe de Deus e pelo amor paternal que tivestes ao Menino Jesus, ardentemente vos suplicamos que lanceis um olhar favorável sobre a herança que

Jesus Cristo conquistou com o seu sangue e nos socorrais em nossas necessidades com o vosso auxílio e poder. Protegei, ó guarda providente da Divina Família, o povo eleito de Jesus Cristo. Afastai para longe de nós, ó pai amantíssimo, a peste do erro e do vício. Assisti-nos do alto do céu, ó nosso fortíssimo sustentáculo, na luta contra o poder das trevas e, assim como outrora salvastes da morte a vida ameaçada do Menino Jesus, assim também defendei agora a Santa Igreja de Deus das ciladas do Inimigo e de toda adversidade. Amparai cada um de nós com o vosso constante patrocínio, a fim de que, com vosso exemplo e sustentados com o vosso auxílio, possamos viver virtuosamente, morrer piedosamente e obter no céu a eterna bem-aventurança.

Amém.

São Judas Tadeu

São Judas foi um dos doze apóstolos, filho de Cléofas e Maria de Cléofas - irmão de José e irmã de Maria, respectivamente. Portanto, São Judas Tadeu era primo de Jesus.

Ele é conhecido como o santo das causas impossíveis e isso é afirmado pelo próprio Jesus em uma aparição a São Bernardo de Claraval, onde Ele pediu ao santo que aceitasse São Judas como o santo padroeiro do impossível. Em uma aparição a Santa

Brígida, Jesus também falou pra ela pedir a intercessão de São Judas.

Oração a São Judas Tadeu:

São Judas Tadeu, glorioso apóstolo, fiel servo e amigo de Jesus! A igreja vos honra e invoca por todo o mundo como o patrono dos casos desesperados e dos negócios sem remédio.

Rogai por mim que estou tão desolado! Eu vos imploro, fazei uso do privilégio que tendes de trazer socorro imediato, onde o socorro desapareceu quase por completo. Assisti-me nesta grande necessidade, para que eu possa receber as consolações e o auxílio do céu em todas as minhas precisões, tribulações e sofrimentos.

São Judas Tadeu, alcançai-me a graça que vos peço.

(Faça o pedido)

Eu vos prometo, ó bendito São Judas, lembrar-me sempre deste grande favor e nunca deixar de vos louvar e honrar como meu especial e poderoso patrono e fazer tudo o que estiver ao meu alcance para espalhar a vossa devoção por toda a parte.

São Judas Tadeu, dos casos desesperados e dos negócios sem remédio, rogai por nós!

São Judas Tadeu, dos casos desesperados e dos negócios sem remédio, rogai por nós!

São Judas Tadeu, dos casos desesperados e dos negócios sem remédio, rogai por nós!

Amém.

RITUAIS

Regras gerais

Antes de fazer qualquer um dos rituais cristãos listados neste livro, algumas regras precisam ser observadas. Elas têm como objetivo nos preparar para entrarmos em contato com a santidade das criaturas divinas.

1 - Não pratique atos sexuais antes ou durante um ritual

Qualquer ato sexual, incluindo a masturbação, está ligado aos prazeres da carne. Antes de solicitar a ajuda do Senhor pela intercessão de Seus santos e anjos, precisamos nos purificar. Permaneça por três dias antes do ritual sem efetuar nenhum ato sexual.

2 - Consagre todos os objetos usados no ritual

Copos, pratos, suporte de vela e outros objetos utilizados em um ritual, precisam ser consagrados em nome do Senhor Jesus para que fiquem livres de qualquer impureza espiritual.

3 - Descarte as oferendas em local apropriado

Oferendas materiais devem ser descartadas na natureza. Se não for possível efetuar o descarte no mesmo dia após o ritual, guarde e descarte no dia seguinte. Se for algum objeto de valor, não fique tentado a voltar no local para recuperar o objeto, pois ele não te pertence mais. Portanto, pense bem no que você vai oferecer.

Ritual de purificação e limpeza espiritual

Este ritual serve para afastar de nossas vidas e do nosso lar, todas as influências negativas, sejam elas espirituais ou pessoas que não nos fazem bem.

Os itens que você irá precisar são apenas uma vela branca e incenso. O incenso de olíbano é uma excelente opção por ser considerado um incenso de elevação espiritual. Mas se você não encontrar este incenso, pode utilizar qualquer outro.

Passo a passo

1 - Improvise um altar sobre algum móvel da sua casa ou em qualquer outro lugar mais adequado. Coloque a vela e o incenso de forma segura para evitar qualquer tipo de acidente.

2 - Acenda a vela e o incenso.

3 - De frente para o altar, recite a seguinte oração:

Deus, vinde em meu auxílio.

Senhor, socorrei-me e salvai-me.

Glória ao Pai, ao Filho e ao Espírito Santo, assim como era no princípio, agora e sempre.

Amém.

4 - Recite as invocações dos nove coros de anjos:

Pela intercessão de São Miguel Arcanjo e do Coro Celeste dos Serafins, o Senhor me faça digno do fogo da perfeita caridade.

Pela intercessão de São Miguel Arcanjo e do Coro Celeste dos Querubins, o Senhor me conceda a graça de trilharmos a estrada da perfeição cristã.

Pela intercessão de São Miguel Arcanjo e do Coro Celeste dos

Tronos, o Senhor me conceda o espírito da verdadeira humildade.

Pela intercessão de São Miguel Arcanjo e do Coro Celeste das Dominações, o Senhor me dê a graça de podermos dominar os nossos sentidos.

Pela intercessão de São Miguel Arcanjo e do Coro Celeste das Potestades, o Senhor me guarde das traições e tentações do demônio.

Pela intercessão de São Miguel Arcanjo e do Coro Celeste das Virtudes, o Senhor me conceda a graça de não sermos vencidos no combate perigoso das tentações.

Pela intercessão de São Miguel Arcanjo e do Coro Celeste dos Principados, o Senhor me dê o espírito da verdadeira e sincera obediência.

Pela intercessão de São Miguel Arcanjo e do Coro Celeste dos Arcanjos, o Senhor me conceda o dom da perseverança na fé e boas obras.

Pela intercessão de São Miguel Arcanjo e do Coro Celeste dos Anjos, o Senhor me conceda que estes espíritos bem-aventurados nos guardem sempre, e principalmente na hora da nossa morte.

5 - Faça a seguinte oração ao seu Anjo de Guarda:

Santo Anjo do Senhor, meu zeloso guardador. Se a ti me confiou a piedade Divina, sempre me rege, me guarde, me governe, me ilumine. Amém.

6 - Reze um Pai Nosso e uma Ave Maria.

7 - Caso a vela e o incenso estejam em local seguro sem risco de incêndio, pode deixar que queimem até o fim, caso contrário, apague ambos.

Dica: caso esteja purificando um local, você pode espalhar a fumaça do incenso ao término do ritual enquanto reza o Pai Nosso.

Ritual para problemas difíceis

Este ritual é para problemas de difícil solução, que você já tentou resolver de outras formas e não obteve sucesso. O santo das causas impossíveis vai estar de prontidão para elevar suas preces a Deus e interceder em seu nome.

Você deverá ficar sem praticar nenhuma atividade sexual durante todos os nove dias de duração do ritual e você vai precisar de uma vela branca, uma maçã e um copo de água.

A maçã e o copo de água serão ofertados apenas no primeiro dia da novena. Nos dias seguintes não é necessário fazer oferendas. Já a vela branca será utilizada em todos os nove dias.

Passo a passo

1 - Improvise um altar sobre algum móvel da sua casa ou em qualquer outro lugar mais adequado. Coloque sobre o altar a vela, o copo com água e a maçã.

2 - Acenda a vela e faça o sinal da cruz seguido de um Pai Nosso e uma Ave Maria.

3 - Faça a oração a São José:

Ó glorioso São José, a quem foi dado o poder de tornar possível as coisas humanamente impossíveis. Vinde em meu auxílio nas dificuldades em que me encontro. Tomai sob vossa proteção as causas importantes que vos confio, para que tenham uma solução favorável. Ó pai muito amado, em vós deposito toda a minha confiança. Que ninguém possa jamais dizer que vos invoquei em vão. E dado que tudo podeis junto de Jesus e Maria, mostrai-me que a vossa bondade é tão grande como o vosso poder. Amém.

4 - Faça a oração a São Judas Tadeu:

São Judas Tadeu, glorioso apóstolo, fiel servo e amigo de Jesus! A igreja vos honra e invoca por todo o mundo como o patrono dos casos desesperados e dos negócios sem remédio.

Rogai por mim que estou tão desolado! Eu vos imploro, fazei uso do privilégio que tendes de trazer socorro imediato, onde o socorro desapareceu quase por completo. Assisti-me nesta grande necessidade, para que eu possa receber as consolações e o auxílio do céu em todas as minhas precisões, tribulações e sofrimentos.

São Judas Tadeu, alcançai-me a graça que vos peço.

(Faça o pedido)

Eu vos prometo, ó bendito São Judas, lembrar-me sempre deste grande favor e nunca deixar de vos louvar e honrar como meu especial e poderoso patrono e fazer tudo o que estiver ao meu alcance para espalhar a vossa devoção por toda a parte.

São Judas Tadeu, dos casos desesperados e dos negócios sem remédio, rogai por nós!

São Judas Tadeu, dos casos desesperados e dos negócios sem remédio, rogai por nós!

São Judas Tadeu, dos casos desesperados e dos negócios sem remédio, rogai por nós!

Amém.

5 - Faça a oferenda a São Judas Tadeu:

Ó poderoso São Judas Tadeu, confiante de que o senhor fará tudo que estiver ao vosso alcance para me ajudar, lhe ofereço de bom grado este copo de água e esta maçã. Amém.

6 - Faça o sinal da cruz.

7 - Apague a vela. Esta mesma vela deverá ser utilizada nos outros oito dias da novena.

8 - Despeje a água do copo na terra, podendo ser no seu quintal, numa planta, árvore, etc. Já a maçã, deverá ser colocada no pé de alguma árvore.

Ritual do amor para casais

Este ritual é para pessoas que já possuem um companheiro e desejam fazer com que haja sempre amor e paixão entre o casal, sem traições e brigas.

Para este ritual seria ideal um incenso de rosas. Caso não consiga, providencie outro incenso que tenha um aroma doce. Você também vai precisar de três velas brancas, três maçãs vermelhas e uma foto do casal. Não é essencial, mas pétalas de rosas vermelhas ajudariam a deixar o altar mais belo.

Passo a passo

1 - Monte um altar sobre algum local adequado da sua casa e coloque sobre ele todos os itens listados anteriormente. Deixe o altar o mais belo possível.
2 - Faça o sinal da cruz e acenda o incenso. Acenda as velas e reze um Pai Nosso e uma Ave Maria depois de cada vela que você acender.

3 - Faça a seguinte oração para Jeliel:

Poderoso Anjo Jeliel, aquele que espalha o Amor Divino e reconcilia os casais, fazendo com que sejam sempre fiéis. A ti recorro nesse momento de necessidade para que tragas paz, amor e paixão para meu casamento. Que eu e meu companheiro sejamos sempre fiéis uns aos outros e que não haja discórdias entre nós. Anjo Jeliel, traga as bençãos dos céus para minha vida e encha meu coração e do meu companheiro de sentimentos puros em harmonia com o Senhor Jesus. Não permitas que nada e nem ninguém atrapalhe nossa união e que o amor sempre prevaleça.

Amém.

4 - Faça a oferenda:

Amado Jeliel, em agradecimento por ter escutado minhas preces e confiante de que intercederás por mim, eu lhe ofereço estas três maçãs.

Amém.

5 - Finalize com um Pai Nosso.

6 - Caso a vela e o incenso estejam em local seguro sem risco de incêndio, pode deixar que queimem até o fim, caso contrário, apague ambos.

7 - Coloque as três maçãs no pé de alguma árvore.

Ritual do amor verdadeiro

Este ritual tem como objetivo trazer para nossa vida alguém que nos amará de verdade. Portanto, este não é um ritual para atrair ninguém em específico, pois este tipo de prática não tem espaço no cristianismo.

Similar ao ritual anterior, neste também vamos trabalhar com um anjo e você vai precisar de uma vela branca e três maças. É um ritual simples, mas que é feito durante três dias.

Passo a passo

1 - Improvise um altar sobre algum móvel da sua casa ou em qualquer outro lugar mais adequado. Coloque sobre o altar a vela e uma maçã. As outras duas maçãs serão utilizadas no segundo e terceiro dia.

2 - Acenda a vela e faça o sinal da cruz seguido de um Pai Nosso e uma Ave Maria.

3 - Faça a seguinte oração para Theliel:

Ó glorioso Theliel, anjo do amor,
venha em meu auxílio nesse

momento em que necessito da graça divina. Interceda por mim no campo do amor. Coloque em minha vida uma pessoa que me amará de verdade para que possamos ter um relacionamento feliz e construir uma família juntos. Eu sempre me lembrarei deste grande favor, ó poderoso Theliel, e farei o que estiver ao meu alcance para que teu nome chegue até aqueles que necessitam de vossa ajuda.

Amém.

4 - Faça a oferenda:

Amado Theliel, em agradecimento por ter escutado minhas preces e confiante de que

> *intercederás por mim, eu lhe ofereço esta maçã. Amém.*

5 - Finalize com um Pai Nosso e apague a vela.

6 - Coloque a maçã no pé de alguma árvore.

Repita o ritual novamente por mais dois dias utilizando a mesma vela. No terceiro dia, você pode deixar a vela queimar até o fim, caso ela esteja em um local seguro sem risco de incêndio.

Ritual da prosperidade financeira

Todos nós queremos ter uma melhor condição financeira, pois precisamos de dinheiro para quase tudo nesse mundo. Mas é preciso entender que não tem como aparecer dinheiro na nossa vida do nada, sem um meio para isso. Algumas formas na qual é possível entrar dinheiro na nossa vida, incluem: ser promovido no emprego atual, encontrar um emprego com melhor salário, aumento de vendas do seu negócio, etc. Portanto, certifique-se de que já exista alguma fonte de renda na sua vida ou que você está correndo atrás de uma. O que não pode é você ficar sentado esperando chover dinheiro.

Os itens necessários para este ritual são apenas três velas brancas, um copo de água e um pão.

Passo a passo

1 - Improvise um altar sobre algum móvel da sua casa ou em qualquer outro lugar mais adequado. Coloque sobre o altar as três velas uma do lado da outra, o copo com água e o pão.

2 - Acenda a vela do meio e reze um Pai Nosso e acenda a vela da esquerda e reze uma Ave Maria.

3 - Acenda a vela da direita e faça a oração:

Ó Santo Antônio, o mais gentil

dos santos, teu amor a Deus e

tua caridade com Suas criaturas,

fizeram com que foste digno de

possuir poderes miraculosos. Motivado(a) por este pensamento, peço-te que... (formular o pedido). Ó gentil e amoroso Santo Antônio, cujo coração estava sempre cheio de simpatia humana, sussurra minha súplica aos ouvidos do doce Menino Jesus, que adorava estar em teus braços. A gratidão do meu coração será sempre tua. Amém.

Na oração acima, na parte indicada para fazer o pedido, você deverá pedir o que for mais adequado a sua realidade como, por exemplo, uma promoção no trabalho, um emprego novo, mais clientes para a sua loja, etc.

4 - Faça a oferenda:

Ó meu amado Santo Antônio, agradeço por ter recebido meus pedidos e, estando confiante de que intercederás por mim, lhe ofereço este copo de água e este pão como forma de agradecimento. Amém.

5 - Apague as velas ou deixe elas queimarem até o fim, caso não haja nenhum risco de acidente.

6 - A água do copo pode ser despejada na terra e o pão colocado em um local de natureza.

Ritual de cura

Antes de mais nada, é preciso lembrar que nós devemos procurar um médico sempre que a nossa saúde exigir cuidados. Eles são profissionais capacitados para nos ajudar. Portanto, este ritual de cura com o Arcanjo Rafael não deve ser usado para substituir a ajuda médica.

Você vai precisar de quatro velas brancas e de incenso de mirra ou olíbano. O incenso de mirra é ideal, pois possui propriedade medicinal, além de purificar e proteger contra energias negativas.

Passo a passo

Este ritual é um pouco diferente e não iremos utilizar altar e nem fazer oferendas. Será um processo de oração e meditação.

1 - Encontre um local calmo, onde você possa estar em paz e relaxar. Providencie algumas almofadas ou colchonete para que você possa se sentar confortavelmente no chão.

2 - Cada uma das velas deve ser colocada em uma posição ao seu redor, sendo na frente, atrás, direita e esquerda. Mantenha uma distância segura entre as velas e o material sobre o qual você está sentado

para evitar qualquer acidente. O incenso pode ser colocado próximo da vela que está a sua frente.

3 - Acenda as velas e o incenso.

4 - Sente-se em posição de meditação e relaxe seu corpo.

5 - Faça o sinal da cruz e reze um Pai Nosso e uma Ave Maria para o Arcanjo Rafael. Dedique as duas orações ao arcanjo.

6 - Faça a seguinte oração:

Ó bondoso São Rafael Arcanjo,

eu te invoco como patrono

daqueles que foram atingidos

pela doença ou enfermidade

corporal.

Tu preparaste o remédio que

curou a cegueira de Tobias e seu

nome significa "O Senhor Cura".

Dirijo-me a ti, implorando teu auxílio divino em minha necessidade atual:

(Fazer o pedido).

Se for da vontade de Deus, cura minha enfermidade ou, pelo menos, conceda-me a graça e a força de que necessito para poder suportá-la com paciência, oferecendo-a pelo perdão dos meus pecados e pela salvação de minha alma.

Ensina-me a unir meus sofrimentos com os de Jesus e Maria e a buscar a graça de Deus na oração e na comunhão.

Quero imitar-te em tua ânsia de fazer a vontade de Deus em todas as coisas.

Como o jovem Tobias, eu te escolho como meu companheiro em minha viagem através deste vale de lágrimas. Quero seguir tuas inspirações em cada passo do caminho, para que eu possa chegar ao fim da minha viagem sob a tua proteção constante e na graça de Deus.

Arcanjo São Rafael Bendito, tu que te revelaste a ti mesmo como o assistente divino do Trono de Deus, venha à minha vida e ajuda-me neste momento de prova.

Conceda-me a graça e a bênção de Deus e o favor que te peço por tua poderosa intercessão.

Grande Médico de Deus, cura-me como fizeste com Tobias, se esta for a vontade do Criador.

São Rafael, Recurso de Deus, Anjo da Saúde, Medicina de Deus, roga por mim.

Amém.

Na oração acima, o pedido de cura para sua enfermidade deve ser feito no local apropriado indicado na oração em "(Fazer o pedido)".

7 - Após rezar para Rafael, feche os olhos e relaxe o corpo e a mente. Imagine o Arcanjo Rafael a sua frente, enviando uma luz brilhante em sua direção.

Essa luz cobre todo o seu corpo, lhe enchendo de vitalidade, saúde e paz.

8 - Após terminar sua meditação, reze novamente um Pai Nosso e uma Ave Maria dedicados a Rafael.

9 - Apague as velas e o incenso.

É muito importante que você continue com seu tratamento médico e, ao mesmo tempo, tenha fé de que Rafael está trabalhando na sua cura.

Meditação com a Virgem Santíssima

Nossa Senhora é um ser de muita luz que pode nos ajudar sempre que precisamos. Ela é uma Mãe para nós e faz de tudo para nos colocar no caminho de Jesus. O poder da Virgem é muito grande e Ela pode operar em nossas vidas, se assim desejarmos.

Através da oração Ave Maria, nós pedimos para que a Rainha do Céu rogue por nós agora e na hora da nossa morte, mas é importante abrir os nossos corações para que a Virgem possa cuidar da gente em todos os momentos, pois tudo que a Nossa Mãe quer para nós é o nosso bem.

O exercício que descrevo aqui, eu criei como um ato de recepção e boas-vindas a Nossa Senhora em nossa vida. É bem simples de fazer e não necessita de nenhum item especial.

Passo a passo

1 - Escolha um local sossegado onde ninguém vai te interromper e onde não haja muito barulho.
2 - Certifique-se de que o espaço onde você irá se sentar seja confortável.
3 - Sente-se confortavelmente e relaxe seu corpo e mente.
4 - Faça a seguinte oração três vezes:

Maria Mãe de Deus, Nossa Senhora, Virgem Santíssima,

Imaculada Conceição, Rainha de tantos títulos e glórias. Vos fostes a escolhida para receber as graças do Divino Espírito Santo e dar à luz ao Nosso Salvador. Mãe amorosa, caridosa e sem pecados, que acompanhou Jesus em todos os momentos de Sua vida aqui na Terra e O acompanha eternamente no céu. Eu A convido para entrar na minha vida e abro meu coração para que a Senhora possa fazer as obras necessárias. Peço que a Senhora cure as feridas do meu corpo e alma e me guie no meu caminho, agora e para sempre. Amém.

5 - Feche os olhos e esvazie sua mente de todas as preocupações. Imagine uma luz dourada surgindo a sua frente e se aproximando de você. Esta é a luz da Virgem Maria que irá envolver o seu corpo lhe protegendo de todo o mal. Alternativamente, você pode visualizar a figura da Virgem ao invés da luz e, neste caso, você deve imagina-La o abraçando e o envolvendo com Seu manto sagrado.

6 - Ao terminar, recite a oração da Salve Rainha:

Salve Rainha, Mãe de misericórdia, vida, doçura, esperança nossa, salve! A Vós bradamos, os degredados filhos de Eva. A Vós suspiramos, gemendo e chorando neste vale de lágrimas. Eia, pois, advogada nossa, esses Vossos olhos misericordiosos a nós volvei. E, depois deste desterro, nos mostrai Jesus, bendito fruto do Vosso ventre. Ó clemente, ó piedosa, ó doce Virgem Maria. Rogai por nós, Santa Mãe de Deus, para que sejamos dignos das promessas de Cristo.

Amém.

7 - Para finalizar, diga a seguinte invocação por três vezes:

Ó Maria concebida sem pecado, rogai por nós que recorremos a Vós.

Conheça outro livro de Pierre Macedo

Segredos da Magia e Bruxaria: Instruções Para a Prática de Rituais Mágicos e Feitiços

www.ingramcontent.com/pod-product-compliance
Lightning Source LLC
Chambersburg PA
CBHW062154100526
44589CB00014B/1840